CHAMBRE SYNDICALE

DE LA

VENTE A CRÉDIT

SIÈGE SOCIAL :

HOTEL DES CHAMBRES SYNDICALES

10, Rue de Lancry, 10 — PARIS

RAPPORT

relatif au projet de loi tendant à l'insaisissabilité des salaires

PRÉSENTÉ

par **M. MANESSE-LAZARD,** Président

à **Messieurs les Membres de la Commission du Travail**

de la Chambre des Députés

PARIS

IMPRIMERIE TYPOGRAPHIQUE A. BAUDU

69, FAUBOURG SAINT-MARTIN, 69

CHAMBRE SYNDICALE
DE LA VENTE A CRÉDIT

SIÈGE SOCIAL : HOTEL DES CHAMBRES SYNDICALES
10, Rue de Lancry — PARIS

RAPPORT
relatif au projet de loi tendant à l'insaisissabilité des salaires
PRÉSENTÉ PAR **M. MANESSE-LAZARD**, PRÉSIDENT
à Messieurs les Membres de la Commission du Travail de la Chambre des Députés

Messieurs,

La Chambre syndicale de la Vente à Crédit s'est émue des différents votes émis par votre Commission relativement aux projets de lois portant suppression de la saisie-arrêt et de la cession pour les salaires au-dessous de 2.000 francs.

Elle a donc chargé son Bureau de vous exposer ses doléances et ses protestations. Il ressort en effet de la lecture de l'exposé des motifs des projets des honorables MM. Dron et Bonnevay, que leur préoccupation, leur objectif a été, sans le vouloir peut-être, mais, en tous cas, sans les entendre, la suppression des maisons vendant à crédit, lesquelles sont traitées comme des malfaiteurs publics.

En vérité, Messieurs, il est étrange que des législateurs jettent dans des documents officiels le discrédit sur une catégorie de citoyens et se proposent de leur enlever, sans autre forme de procès, le moyen de gagner leur vie honnêtement, quoi que puissent en penser les honorables auteurs des projets de loi !

Nous prenons donc la liberté de venir devant vous défendre notre cause et nous avons le ferme espoir que des milliers de petites maisons ne seront pas offertes en holocauste pour expier les péchés des quelques brebis galeuses qui ont pu se glisser dans leurs rangs.

Permettez-nous de mettre en face de l'exposé des motifs du projet de loi de l'honorable M. Bonnevay ceux qui militent, croyons-nous, en faveur du maintien de la loi du 12 Janvier 1895, modifiée par le Sénat le 26 Novembre 1906, qui protège

mieux les intéressés que ne le ferait sa suppression, laquelle leur attirerait des pour-
suites beaucoup plus onéreuses et qui seraient leur ruine complète, précisément dans
les moments les plus difficiles de l'existence, alors que le plus féroce des créanciers
ne songe même pas, actuellement, à des poursuites domicilières et se contente de la
modeste portion du salaire que la loi lui accorde.

Pour faciliter la comparaison des deux exposés nous avons placé sous les yeux
du lecteur d'un côté le texte du projet de loi, et de l'autre les objections.

PROPOSITION DE LOI

Messieurs,

La loi du 12 janvier 1895, a été le premier pas fait par le législateur français dans la voie de la protection des salaires et petits traitements des ouvriers et employés.

Là aussi, il s'était laissé devancer par les législations étrangères; il ne les a pas atteintes encore tant sont grandes ses hésitations et sa timidité, dès qu'il aborde les questions sociales.

Tandis qu'en Allemagne, la loi du 21 juillet 1869, et en Angleterre celle du 12 juillet 1870, avaient déclaré incessibles et insaisissables *pour la totalité* les salaires des ouvriers, en France la loi du 12 janvier 1895, se bornait à édicter une insaisissabilité *partielle*. Les salaires des ouvriers, quel qu'en soit le montant, les appointements des employés et les traitements des fonctionnaires s'ils ne dépassent pas 2.000 francs par an, ne peuvent être saisis qu'à concurrence d'un dixième et cédés qu'à concurrence d'un second dixième.

C'était à peine une innovation, car déjà la jurisprudence, devançant la loi, limitait dans la plupart des cas au cinquième la partie saisissable des salaires et appointements.

En réalité, la loi du 12 janvier 1895, fut plus une loi de procédure qu'une loi civile et sociale.

Même à ce point de vue elle n'atteignit pas le but que ses auteurs s'étaient proposés. Dès

OBJECTIONS

Personne n'a songé à ce moment-là à s'élever contre cette loi, tant elle a paru juste et pas une maison vendant à crédit n'a protesté, car il était incontestable que la retenue de 20 0/0 était trop forte, combien préférable est la loi actuelle qui permet à l'ouvrier de payer par petites fractions des objets qu'il lui serait matériellement impossible d'acquérir autrement et lui conserve toute sa dignité d'homme libre!

Les différents orateurs qui ont défendu la saisie-arrêt dans ces années écoulées ont démontré son utilité pratique et ce n'est que parce qu'elle est plus utile que nuisible que le législateur a compris qu'il ne devait pas y porter atteinte. La situation n'a pas changé.

Il n'est pas juste de donner en exemple les Etats qui nous environnent au sujet de leur adoption de la loi de l'insaisissabilité des salaires ou alors, en toute impartialité, il faut mettre en regard leurs législations au sujet du payement des dettes qui permettent soit de reprendre les objets vendus, sans frais, s'ils ne sont pas payés avec régularité, soit les poursuites et la saisie sur simple mise en demeure de payer par lettre recommandée et avec très peu de frais.

Il n'est pas juste de dire que la loi de 1895 fut une loi de procédure et non une loi sociale, puisqu'elle réduisait de moitié la portion saisissable des salaires.

sa première application, la procédure nouvelle apparut à tous les yeux comme compliquée et extraordinairement onéreuse. La déception fut telle que le législateur s'émut et qu'une série de propositions tendant à sa revision furent déposées sur la tribune du Parlement. Les unes se bornèrent à suggérer des modifications dans la procédure; les autres, plus hardies, préconisèrent nettement le seul remède qui parût efficace : l'insaisissabilité pour la totalité des salaires et petits traitements.

Parmi ces dernières, la plus caractéristique est celle que déposa M. Plichon le 13 janvier 1898 et qui déclarait incessibles et insaisissables les salaires des ouvriers et gens de service, à quelque chiffre qu'ils s'élèvent, et les appointements ou traitements des employés ou commis et des fonctionnaires jusqu'à concurrence de 2.000 francs par an.

L'idée n'était pas nouvelle; antérieurement à la loi du 12 janvier 1895, deux propositions d'insaisissabilité avaient été déposées à la Chambre; la première émanait de M. Thellier de Poncheville et de ses collègues de la droite sociale, MM. Le Gavrian, de Mun, de Ramel, de Montalembert et Le Cour (Annexe au procès-verbal de la séance du 5 décembre 1889). Elle portait : 1° que les salaires des ouvriers ne dépassant pas une moyenne de 3 francs par jour seraient insaisissables pour le tout mais cessibles pour un cinquième; 2° que les salaires supérieurs à 3 francs par journée de travail seraient saisissables pour un cinquième et cessibles pour deux cinquièmes; 3° que les appointements des employés seraient insaisissables et incessibles pour le tout lorsqu'ils ne dépasseraient pas 100 francs par mois et qu'au delà, ils pourraient être saisis pour un cinquième et cédés pour deux cinquièmes.

La seconde proposition, signée de M. Loustalot, portait que les traitements et salaires payés par mensualités ne dépassant pas 60 francs seraient insaisissables.

La proposition de M. Plichon avait été renvoyée à l'examen de la Commission du travail; elle fut rapportée le 21 mars 1898 par M. Rose dans un rapport collectif sur tous les projets

Il devrait être hors de discussion que plus le salaire est minime, plus le crédit est indispensable, et c'est en vertu de cette proposition qui, à des yeux impartiaux, constitue un axiome économique, que la limite de protection des petits salaires devrait s'arrêter au point où elle peut lui enlever tout espoir de crédit. Si la loi en question n'a jamais trouvé de majorité, c'est précisément que le législateur a trouvé qu'elle serait une gêne considérable pour ceux qui devaient en être les bénéficiaires!

tendant à la modification de la loi du 12 janvier 1895.

M. Rose, dès la première page de son rapport, reconnaissait que la loi du 12 janvier 1895 « n'avait répondu en fait, ni aux intentions du législateur, ni au but qu'il poursuivait ».

Néanmoins, se limitant encore à une revision de la procédure de saisie-arrêt, la Commission, et après elle la Chambre, rejetait la proposition d'insaisissabilité totale de M. Plichon; nous examinerons plus loin les motifs que son rapporteur en donnait.

Au Sénat, la question de l'insaisissabilité reparut à la suite d'une enquête ordonnée par M. Paul Delombre, Ministre du Commerce, à la demande de la Commission. Les conclusions en parurent si nettement favorables à l'insaisissabilité que la Commission sénatoriale se décida à la proposer et à écarter la loi de procédure votée par la Chambre.

Un débat important eut lieu sur cette question de principe. Combattue par M. Savary, l'insaisissabilité absolue fut repoussée par le Sénat à une énorme majorité (196 voix contre 61), sous la forme du renvoi à la Commission d'un contre-projet de M. Savary qui reproduisait la proposition sortie des délibérations de la Chambre.

A la suite de la démission de M. Chovet, rapporteur, M. Savary qui le remplaça obtint le vote avec modifications du projet qui maintenait la saisissabilité se bornait à modifier la procédure. C'est cette proposition qui nous est à nouveau soumise.

Ainsi, depuis dix ans, les projets de revision de la loi du 12 janvier 1895 sont demeurés inscrits à l'ordre du jour de l'une ou l'autre Chambre sans qu'un résultat pratique ait été atteint; ils nous paraissent s'être complètement égarés dans le fameux maquis de la procédure.

Pendant ce temps, les plaintes se sont multipliées avec les abus grandissants; aujourd'hui c'est l'insaisissabilité totale qui paraît gagner du terrain dans l'opinion publique; c'est vers cette solution que s'orientent de plus en plus les milieux industriels ouvriers et patronaux. L'enquête parlementaire sur l'état de l'industrie textile et la condition des ouvriers tisseurs

Le rapport si documenté de l'honorable M. Savary mériterait d'être ici cité dans son intégralité. La Commission de la Chambre rejeta la proposition de M. Plichon : Elle a cru, disait son rapporteur, que déclarer le salaire incessible et insaisissable, c'était porter atteinte à la dignité de l'ouvrier et aussi à son crédit; c'était le traiter en homme imprévoyant, faible, indigne de la liberté, incapable de disposer même d'une partie de son salaire!

Elle a pensé que cette mesure aurait pour effet certain de pousser l'ouvrier à refuser le payement des sommes les plus légitimement dues, de lui enlever le sentiment du devoir, de la loyauté, du respect des engagements librement contractés.

. . . .

Il est certain que, si une pareille disposition était inscrite dans la loi, elle ne tarderait pas à produire des effets désastreux pour l'ouvrier lui-même; les refus de payer deviendraient si fréquents et parfois si insolents que tout crédit, de quelque nature qu'il soit, aurait bientôt cessé d'exister.

. . . .

Du reste, M. Plichon, tout en conservant, au point de vue théorique, des préférences assez naturelles pour sa proposition, se ralliait, à la séance de la Chambre du 1ᵉʳ avril 1898, à celle de la Commission, qui allait être adoptée par la Chambre.

. . . .

L'ouvrier et l'employé savent qu'en achetant à crédit, ils donnent à leurs créanciers le droit de pouvoir frapper leurs salaires d'opposition, c'est cette menace qui, bien autant que la conscience, fait tenir les engagements. Le marchand leur vend, car il sait qu'il acquiert un effectuée au cours de la précédente législature nous fournit sur l'état de l'opinion en ces matières et les effets de la loi du 12 janvier 1895 une documentation de premier ordre.

I.

L'enquête textile
et la question des saisies-arrêts

La Commission d'enquête sur l'industrie textile avait dressé un questionnaire précisant les points sur lesquels elle désirait plus particulièrement être éclairée.

En ce qui concerne les saisies-arrêts des salaires, elle demandait aux déposants de dire si elles étaient communément pratiquées et de se prononcer sur leur utilité et sur leurs dangers.

Des réponses nombreuses lui furent faites par les groupements patronaux, les syndicats ouvriers, les prud'hommes et les juges de paix.

Associations patronales. — Les associations patronales paraissent être divisées par parts égales, en adversaires et en partisans de l'insaisissabilité absolue des salaires.

Les adversaires ont sans doute invoqué la nécessité de maintenir le crédit de l'ouvrier; mais ils ont plus particulièrement insisté sur l'impossibilité où se trouveraient les patrons d'assurer l'exécution des condamnations prononcées par les Conseils de prud'hommes au cas où la totalité du salaire serait déclarée insaisissable. Les jugements des Conseils de prud'hommes, ont dit plusieurs d'entre elles, ne seraient plus exécutables que contre les patrons.

Néanmoins, la plupart des partisans du maintien de la saisissabilité partielle des salaires n'en ont pas moins reconnu la nécessité de modifier la loi du 12 janvier 1895, soit pour en restreindre l'application à certaines catégories de créances, soit pour en diminuer les frais, unanimement déclarés frustratoires.

Nous n'en avons pas moins trouvé parmi les déposants des associations patronales un grand nombre, et non des moindres, qui se sont nettement prononcés en faveur de l'insaisissabilité absolue.

droit de contrainte sur leurs salaires, de même pour un propriétaire qui loue un logement à crédit. Pratique-t-on pour cela une saisie-arrêt? Non, mais le débiteur sait qu'on peut le faire.

Il semblerait que, seule, l'industrie textile existe en France et que, seule, elle soit intéressée dans la question. Combien plus logique l'enquête faite par l'honorable M. Savary qui, ayant consulté 545.597 ouvriers obtenait une majorité de 35.659 voix en faveur du maintien de la saisie-arrêt, qui en même temps leur maintenait le crédit si nécessaire.

Associations patronales. — Pouvons-nous trouver de meilleurs arguments que ceux de cette partie de l'exposé des motifs de l'honorable M. Bonnevay! En dépit des ennuis que peut leur causer l'application de la Loi de 1895, que les modifications votées par le Sénat leur enlèvent d'ailleurs, les associations patronales se sont trouvées encore partagées par parties égales pour et contre la saisie! Les adversaires ont sans doute invoqué la nécessité de maintenir le crédit de l'ouvrier, dit l'exposé, tant il est vrai que ce crédit est subordonné au maintien de la saisie-arrêt! Et l'exécution des sentences prud'hommales, il semble qu'elle ait une valeur indiscutable!

En ce qui concerne les restrictions proposées et qui favoriseraient plutôt certains commerces que d'autres, nous ne pouvons pas croire que de pareilles dispositions puissent être adoptées dans une loi républicaine. Nous pensons que tant que les privilèges n'auront pas été rétablis par la Constitution, que tous les Français doivent être égaux devant la Loi...

Il n'est pas possible, croyons-nous, que des républicains, cent vingt ans après notre grande Révolution, acceptent de créer un tel précédent qui serait le retour à des mœurs d'un autre

C'est ainsi que l'Association de la soierie lyonnaise a déclaré que « la grande majorité de ses membres sont partisans de la suppressoin complète de la saisie-arrêt des salaires et petits traitements et ce, dans l'intérêt des ouvriers eux-mêmes, qui, alléchés par les offres engageantes des maisons de vente à crédit, achètent ainsi toujours très cher et souvent audessus de leurs facultés ».

La Chambre de commerce de Lyon estime « que si les saisies-arrêts peuvent, dans certaines circonstances, aider les ouvriers à obtenir un crédit momentanément nécessaire, elles présentent d'autre part des inconvénients, en ce qu'elles engagent parfois ceux-ci dans des dépenses disproportionnées à leurs salaires, et qu'elles peuvent devenir un *instrument de découragement et de démoralisation* ».

La Chambre de commerce de Grenoble « croit bien préférable l'insaisissabilité absolue, déjà pratiquée en Allemagne, en Russie, en Angleterre, etc. »

Le Syndicat cotonier de l'Est demande que le nombre des cas où la saisie-arrêt pourrait être pratiquée soit limité et constate que « la loi de 1895, faite dans le but de favoriser l'ou-

âge, ou nous demanderons alors, comme une juste compensation, qu'un article additionnel à la loi de l'impôt sur le revenu exonère nos maisons!

Où commencera la restriction et où finira-t-elle? Il est incontestable que les aliments sont nécessaires, mais les vêtements le sont-ils moins? et l'outillage et le meuble? Décréterez-vous que l'ouvrier n'a le droit d'acheter que tel ou tel objet au détriment d'autres qu'il peut juger aussi utiles! Et au point de vue social ne vaut-il pas mieux que l'ouvrier soit en état d'acheter tout ce qui retient un bon père de famille chez lui, voulez-vous lui interdire de s'acheter tel ou tel meuble sous prétexte qu'il ne lui est pas indispensable et le forcerez-vous par une loi à acheter telle forme de buffet ou de lit sous le prétexte fallacieux que le prix en est trop élevé? Vous vous plaignez, avec raison, de cette ruée vers l'alcool, êtes-vous bien sûrs qu'elle ne sera pas plus accentuée quand vous aurez enlevé à l'ouvrier le moyen de se créer un intérieur plus attrayant!!

Il semblerait que, sous notre République démocratique et sociale, il y ait encore des parias, et, au premier rang, les maisons de vente à crédit qui n'ont pas le droit de vendre leurs marchandises comme il leur plaît! Du côté des débiteurs, ces prix ne sont discutés que par les gens de mauvaise foi. N'est-il pas juste qu'en face du risque couru, il y ait un bénéfice plus grand! Et le prix de nos marchandises ne doit-il pas être augmenté des frais que nécessite une maison d'abonnement! Alors qu'il suffit aux commerçants vendant au comptant d'ouvrir leurs tiroirs-caisses pour y mettre l'argent qu'ils viennent de toucher, n'avons-nous pas des frais énormes de comptabilité pour la mise en règle journalière des comptes courants! Et que penser des frais d'encaissement, qui demandent soit un personnel spécial, soit des frais de banque très élevés! Les valeurs en Bourse sont-elles capitalisées au même taux quand les dividendes sont aléatoires? Il serait d'ailleurs facile de nommer des quantités de commerçants vendant jusqu'à des 300 0/0 de bénéfice et au comptant! et personne ne songe à leur contester ce droit, qui, après tout, est celui du libre échange!

vrier, a, au contraire, complètement tourné contre lui ».

Le Syndicat des textiles et similaires d'Epinal et des environs et la Chambre de commerce de Reims demandent aussi l'insaisissabilité complète.

Le Syndicat normand de la filature de coton est nettement hostile à la saisie-arrêt : « Il estime que l'idée que se font cartaines personnes que l'abolition de la saisie-arrêt amènerait la perte de tout crédit pour l'ouvrier n'est pas basée sur les faits et est erronée. Elle amènerait peut-être la suppression du crédit limité et raisonnable... La suppression de la saisie-arrêt amènera certainement un relèvement moral de l'ouvrier. Rien n'empêche, en effet, aujourd'hui, un ouvrier débauché et peu sérieux, de faire des dettes à l'infini. Après avoir épuisé le crédit d'un premier commerçant, il va chez un second, un troisième, etc... Il sait bien que son dixième de salaire est saisi et qu'on ne pourra pas lui en enlever plus... L'intérêt des commerçants même est que la saisie-arrêt disparaisse... L'abolition de la saisie-arrêt pourrait amener une diminution du prix des denrées et marchandises.

Associations ouvrières. — La plupart des associations ouvrières se sont déclarées en faveur de l'insaisissabilité.

La Fédération nationale ouvrière de l'industrie textile entendue à Lille, la Fédération des syndicats indépendants de Lille et environs, la Chambre syndicale ouvrière de la corporation textile de Saint-Dié, le Syndicat textile de Chatel-Nomexy, le Syndicat des ouvriers tullistes en guipure de Saint-Quentin, le Syndicat des ouvriers tisseurs et tisseuses de Saint-Quentin, le Syndicat des ouvriers apprêteurs de Reims, le Syndicat des ouvriers en tulle et dentelles de Caudry, se prononcent nettement en faveur de l'insaisissabilité absolue des salaires inférieurs à 2.000 francs.

Les Chambres syndicales ouvrières de l'industrie lainière d'Elbeuf sont du même avis; elles en donnent un motif un peu spécial que

Le Syndicat Normand en question se trompe quand il estime que la suppression de la saisie-arrêt n'entrainerait pas la perte de tout crédit pour l'ouvrier, quelle autre garantie offrirait-il en échange? Le mot crédit illimité est vite dit : que signifie-t-il? Peut-on supposer que nos maisons sont assez ennemies de leurs intérêts pour ne pas limiter le crédit qu'elles font aux ressources de leurs clients! Quant à la passion du buveur, votre loi ne la réformera pas, elle se contentera, au lieu d'enlever 1/10 du salaire des ivrognes, de priver les enfants de ce que le père indigne dépensera au cabaret, où tout crédit lui sera impossible. Est-ce bien là le résultat que vous rêvez? D'ailleurs, les saisies-arrêts pour boisson sont l'infime minorité, les marchands de cette catégorie n'ayant pas de titre et reculant la plupart du temps devant le dérangement que leur occasionne la validation par le juge de Paix. Quant à l'avis des ouvriers il a été démontré plus haut, qu'une enquête étendue aux différentes industries de ce pays donnait le résultat opposé à celui indiqué dans l'exposé des motifs de l'honorable M. Bonnevay.

nous ne pouvons passer sous silence; elle leur paraît nécessaire pour enrayer les progrès effrayants de l'alcoolisme : « Nous pourrions citer, disent-elles, des cas de travailleurs gagnant de 15 francs à 18 francs la semaine, avoir pour le même laps de temps 20 francs ou 30 francs de crédit chez les débitants. »

Si nous analysons les critiques formulées contre la loi du 12 janvier 1895, tant par les groupements patronaux que par les associations ouvrières, nous remarquerons que les abus qu'ils signalent peuvent se ramener à trois principaux :

1° La saisie-arrêt entraîne l'ouvrier à des dépenses disproportionnées à son salaire;
2° Elle en fait un nomade;
3° Elle le ruine.

1° Avant la loi du 12 janvier 1895, les frais très élevés que nécessitait la procédure de saisie-arrêt des articles 557 et suivants du Code de procédure civile, obligeaient les commerçants à limiter leurs crédits.

Mais depuis 1895, encouragées par les facilités nouvelles de poursuites que leur offrait une procédure de saisie-arrêt moins onéreuse et plus sûre, un grand nombre de maisons de commerce se sont fondées sur tout le territoire

La saisie-arrêt n'entraîne à des dépenses disproportionnées à son salaire que l'ouvrier malhonnête et la quantité en est très limitée. Si l'enquêteur avait interrogé les maisons de vente à crédit, il aurait appris que les saisies-arrêts sont rares et qu'elles n'en demandent le maintien qu'à cause du frein qu'elle oppose au mauvais vouloir des payeurs de mauvaise foi.

Elle ne fait de nomades que parmi ceux qui se soustraient par la fuite aux dettes qu'ils ont contractées, car jamais le créancier ne refuse un arrangement à l'amiable qui lui est bien plus profitable que le renvoi de l'ouvrier de la maison qui l'emploie. En quoi la saisie-arrêt ruine-t-elle celui qui en est l'objet? N'est-il pas clair au contraire qu'elle est une sauvegarde des plus sérieuses en ce sens que les créanciers quels que soient leur nombre et l'importance de leurs créances, ne peuvent se partager qu'un 10° du salaire. Et le commerçant? Il semble qu'on en fait bon marché! Il a cependant des charges très lourdes et la part des impôts qu'on exige de lui devrait lui assurer quelque protection des pouvoirs publics!

Il n'est pas juste de dire que les commerçants, avant la loi de 1895 étaient obligés de limiter le nombre de leurs saisies-arrêts en raison des frais occasionnés par la procédure, puisque ces frais étaient toujours supportés par le débiteur. La vérité est que les saisies étaient en effet, moins nombreuses de ce que les retenues étaient plus fortes (le double) et qu'un débiteur regardait à deux fois avant de ne pas payer ses dettes et faisait des dépenses plus en pour exploiter la clientèle ouvrière au moyen de la vente à crédit ou à tempérament.

Moyennant l'engagement de versements mensuels échelonnés sur un long espace de temps, elles livrent immédiatement, à des prix très majorés, des objets de tout genre et plus particulièrement de la toile et des meubles. Au moindre retard dans les payements, elles saisissent le salaire. Pris dans l'engrenage, l'ouvrier y est broyé.

« Les établissements de vente à tempérament, notamment, grâce au droit de saisie-arrêt, sont une plaie », dit l'Union de l'industrie cotonnière de Roanne.

Le Syndicat normand de la filature de coton signale lui aussi « le danger très réel que cause à la bourse de l'ouvrier la facilité si grande avec laquelle il peut acheter à crédit à certaines personnes dénommées *abonneurs* ».

Le Syndicat normand du tissage de coton dénonce également « l'exploitation odieuse à laquelle se livrent certaines maisons de vente à crédit ».

Nous retrouverons plus loin ces mêmes abus signalés avec plus de précision et stigmatisés avec plus de force dans les dépositions des juges de paix.

2° L'ouvrier qui est l'objet de la saisie-arrêt sur son salaire devient, dans la plupart des cas et par la force des choses, un nomade et un déraciné.

D'après les dépositions d'un nombre considérable d'associations ouvrières, la saisie-arrêt, dès qu'elle se produit, est une cause de renvoi de l'ouvrier. L'industriel, pour éviter des complications dans sa comptabilité et les comparutions en justice de paix que les nécessités de la déclaration affirmative imposent au tiers saisi, met en demeure l'ouvrier d'obtenir une mainlevée immédiate et à défaut lui donne congé.

Les associations patronales prétendent de leur côté que les ouvriers dont les salaires sont saisis-arrêtés, cherchent à échapper aux retenues en changeant d'usine et même de localité (Chambre de commerce de Roubaix, syndicat des filateurs de Roubaix, syndicat des fabricants de Tourcoing, Conseil des prud'hommes d'Epinal).

rapport avec son gain. Ceci tiendrait à prouver, contrairement à ce que dit l'exposé que le sens moral des débiteurs varie en proportion directe avec les garanties laissées par la loi au créancier. Enlevez à l'ouvrier le moyen d'acquérir par des versements mensuels échelonnés sur un long espace de temps (ce long crédit n'est-il pas précisément pour faciliter l'ouvrier) tout ce que vous lui reprochez d'acheter et vous en ferez un malheureux, incapable de s'acheter même un vêtement convenable. Une loi ne peut avoir la prétention de changer le cerveau des individus et elle ne rendra pas économes ceux qui ne le sont pas. Tel ouvrier qui pouvait distraire mensuellement, le jour de sa paie, une petite somme pour pourvoir à son entretien annuel en linge, chaussures, vêtements, et qui lui permettait d'arborer toujours une tenue décente, verra sa paie dissipée de la même façon et se trouvera parfaitement incapable, ses vêtements et son linge usés, de les remplacer par un achat au comptant.

L'ouvrier renvoyé de l'usine pour cause de saisie-arrêt est celui qui refuse de s'arranger avec son créancier, nous avons vu le cas d'ouvriers ayant plusieurs milliers de francs de dettes s'arranger avec tous leurs créanciers, en leur versant mensuellement une somme minime et ces derniers, en dépit de la longueur du paiement trouvent toujours qu'il est préférable de s'arranger que de faire évincer l'ouvrier qui cependant, quand il se laisse aller à des dépenses aussi peu en rapport avec son gain n'est pas très intéressant. Je suis bien certain de ne pas m'avancer à la légère en disant que toutes nos maisons pourraient présenter de nombreux cas de ce genre à l'appui. L'ouvrier congédié l'est 99 fois sur 100 par sa faute et sur son refus de s'arranger avec un créancier qui demande le paiement d'une dette très légitime.

Le président du groupe patronal lyonnais du syndicat du tissage mécanique à façon écrit dans son rapport : « La saisie-arrêt ne sert qu'à donner de mauvaises habitudes aux ouvriers qui échappent à la saisie en changeant d'usine. Elle constitue une gêne pour les patrons qui arrivent ainsi à perdre leurs ouvriers. »

« L'ouvrier saisi s'empresse de quitter l'usine et même le pays », dit la Chambre de commerce de Grenoble.

M. Perrier, industriel à Beaurepaire, entendu à Vienne, affirme, lui aussi, que les saisies-arrêts sans utilité pratique ne servent qu'à faire changer d'usine et de localité à l'ouvrier.

Ainsi, quel qu'en soit le mode, renvoi imposé ou exode volontaire, la saisie-arrêt sur les salaires a pour effet caractéristique de *déraciner* l'ouvrier.

3° Sur le caractère onéreux de la procédure organisée par la loi du 12 janvier 1895, l'opinion des associations tant ouvrières que patronales est unanime.

La Chambre de commerce de Tourcoing cite une saisie pour 20 francs ayant entraîné 27 fr. 85 de frais et le Syndicat cotonnier de l'Est constate que « l'élévation scandaleuse des frais qui dépasse parfois 100 pour 100 du montant de la dette, est un puissant argument contre l'organisation actuelle ».

Nous retrouverons avec plus de précision encore ces critiques dans les dépositions et les rapports des juges de paix.

Comme il est dit plus haut, la loi votée par le Sénat réduit considérablement ces frais.

Inspecteurs du travail. — Un seul inspecteur du travail a, au cours de l'enquête textile, traité la question.

M. Boulisset, inspecteur divisionnaire du travail à Lille, constate que : « dès que la première saisie a été opérée, l'ouvrier se blase, il glisse sur la pente des achats à crédit. D'autre part, les fournisseurs majorent pour lui le prix des marchandises, si bien que le gouffre se creuse et le plus souvent la situation devient sans issue. La suppression de la saisie-arrêt aurait sans doute pour conséquence la disparition du crédit; mais les ouvriers payés à la semaine ou à la quinzaine (cas le plus fréquent), ne comptant plus sur le crédit, seraient

Inspecteurs du travail. — Il est bon de constater qu'un seul inspecteur du travail a été consulté ce qui semblera peu pour toute la France, et que dit-il : Dès que la première saisie a été pratiquée, l'ouvrier se blase et glisse sur la pente du crédit! Il faut croire que les maisons de crédit sont d'une naïveté bien peu en rapport avec la mauvaise réputation qu'on veut leur faire! Comment! voilà un ouvrier qui a déjà acheté et n'a pas payé et il glisse sur la pente du crédit! mais, Messieurs, du moment ou on a déjà pratiqué cette saisie, c'est que cet ouvrier est un mauvais payeur et, par suite, il ne trouve plus de crédit ou presque plus. La vérité est tout autre : avant de se laisser pratiquer la amenés à se procurer seuls les objets indispensables et cela dans les meilleures conditions possibles en payant comptant (inutile d'insister, par exemple, sur l'entraînement à boire à l'estaminet, favorisé par le crédit). »

Juges de paix. — La Commission d'enquête a entendu, sur le point particulier de l'utilité et des dangers des saisies-arrêts, un grand nombre de juges de paix des cantons industriels textiles. Nous allons reproduire des extraits d'un certain nombre de ces dépositions qui nous permettront de saisir sur le vif les abus auxquels a donné lieu l'application de la loi du 12 janvier 1895 et leurs causes.

Les juges de paix de Rouen constatent la fréquence des saisies-arrêts pratiquées « surtout par les maisons d'abonnement et des cabaretiers déguisés sous le nom d'épiciers ». Ils

première saisie et alors que ce crédit est encore intact, il achète partout, fait de nombreuses dupes et promet à l'un 10 francs par mois, à l'autre 15 francs, à un autre 20 francs etc., bien persuadé qu'à tous ces créanciers il ne sera bientôt plus obligé de verser que le 10e de son salaire et les 20 mois qu'il demandait pour la forme lors de l'achat seront ransformés en 50 ou 60 mois, quand ce n'est pas 10 ans! Quant au prélèvement sur la semaine ou la quinzaine il n'est personne qui croira que l'ouvrier pourra prélever ce qui lui faudra pour vêtir sa famille et lui-même.

De l'intérieur agréable il n'est jamais question!

Il est entendu pour les auteurs de la loi que l'ouvrier ne doit pas aller au cabaret, mais qu'il doit se contenter chez lui des objets de première nécessité : une table de bois blanc, autant de chaises que de personnes et voilà! Naturellement le buffet est un objet de luxe, une chambre à coucher qui aurait son armoire à glace, voire même une table de nuit, n'est bonne que pour des bourgeois! Il nous est arrivé de vendre même un salon à des ouvriers et je puis assurer que ceux là ne vont pas au cabaret! Est-ce à dire que ces derniers ne sont pas économes? Quelle erreur, toutes les maisons à crédit vous diront qu'elles reçoivent très souvent la visite d'ouvriers laborieux ayant fait des économies souvent importantes, mais qui les gardent précieusement en cas de maladie ou de chômage et préfèrent verser mensuellement une petite somme en dehors de ces économies pour se meubler ou s'habiller confortablement!

Juges de Paix. — Des différentes consultations de Juges de Paix, nous ne retiendrons que cette remarque étrange : « Il est évident que si ces derniers (les créanciers) pensaient être obligés d'avoir recours à la saisie-arrêt pour se faire payer de leurs avances, ils préféreraient généralement ne pas faire crédit! » Ce juge n'a pas l'air de croire que la peur du gendarme est le commencement de l'honnêteté et que sans la menace de la saisie, beaucoup de débiteurs se dispenseraient de payer leurs dettes! Quant aux frais on ne peut les invoquer comme argument en faveur de la suppression de la saisie puisque constatent l'élévation des frais, la rigueur des poursuites entreprises par les sociétés dites de crédit qui pourchassent leurs débiteurs d'usine en usine et les obligent ainsi à changer de pays. Ils demandent l'insaisissabilité absolue.

Le juge de paix du 6e canton de Rouen note que le registre tenu au greffe renferme, depuis moins de dix ans, 3.026 saisies-arrêts et interventions.

Le juge de paix du canton d'Yvetot constate que les frais dépassent presque toujours le principal de la dette.

Le juge de paix de Corcieux (Vosges) affirme que la plupart des saisies-arrêts ont pour objet des fournitures d'alcool que les ouvriers se laissent d'autant plus facilement décider à acheter qu'on le délivre à crédit; beaucoup sont aussi motivées par des fournitures de toiles vendues par des colporteurs étrangers à des prix très exagérés et contre signature de billets à ordre.

Le juge de paix de Flers (Orne) constate aussi que les saisies-arrêts favorisent considérablement la consommation de l'alcool.

Le juge de paix d'Armentières a fourni une statistique intéressante : « Depuis la loi du 12 janvier 1895, il y a eu, dans le canton d'Armentières, 1.097 saisies-arrêts et il y reste actuellement 818 et 147 interventions, le tout pour la somme de 121.947 fr. 70 actuellement encore due. »

Le juge de paix de Merville, chef-lieu de canton où se trouve le centre industriel d'Estaires, a déclaré : « De même que le plus grand nombre de mes collègues (sinon l'unanimité), je ne puis que désirer la suppression de la loi sur les saisies-arrêts, condamnée déjà par l'opinion. »

« La nouvelle procédure édictée par cette loi et la complication qu'elle entraîne n'ont fait que profiter aux hommes d'affaires, huissiers, etc., et aux maisons de vente à crédit usuraire *que cette loi a fait éclore de tous côtés.* »

Le juge de paix du canton de Roubaix nord fait cette constatation piquante que les saisies-arrêts dans la classe ouvrière sont devenues aussi fréquentes, depuis la loi du 12 janvier 1895, qu'elles étaient rares antérieurement, le créancier ne risquant plus d'avoir, pour obte-

la loi votée par le Sénat les réduit sinon à néant, du moins considérablement.

Il est encore un point capital que l'auteur du projet de loi n'a pas soumis à l'appréciation de la commission : Il s'agit des propriétaires. Avec la saisie telle qu'elle est pratiquée actuellement le propriétaire saisit rarement les meubles qu'un ouvrier a souvent acquis avec beaucoup de mal, mais se contente de faire signer des billets pour le paiement des termes arriérés, qu'il sait garantis par la loi de 1895. Comme vous lui enlevez cette ressource, que lui restera-t-il, sinon la saisie mobilière! Est-ce bien là l'effet rêvé d'une loi dite sociale?

Il est facile de démontrer que cette loi serait une prime à la malhonnêteté, en effet, si on consulte les juges de paix, il ne nous contrediront pas, chaque fois qu'une convocation des créanciers est faite en Justice de Paix, en vue d'une répartition des fonds retenus, on voit représentées toutes ou presque toutes, les maisons d'abonnement et un ouvrier ou employé a quelquefois jusqu'à 50 opposants, bien certain qu'il aura le temps de mourir avant d'avoir payé ce qu'il doit ou d'atteindre sa retraite, ce paradis des mauvais payeurs qui ont enfin, pour les protéger, est-ce assez bizarre, cette insaisissabilité et incessibilité que nous voulons combattre pour les salaires!

Est-il intéressant, cet ouvrier ou employé qui, gagnant 150 ou 160 francs par mois, a pris l'engagement d'en payer le double ou le triple bien persuadé que la bienheureuse saisie-arrêt lui permettra bientôt de payer pour tout le monde 15 ou 16 francs par mois. Est-il bien nécessaire qu'une loi lui permette de ne plus rien payer du tout!!

Les poursuites domiciliaires, autrement onéreuses que la saisie-arrêt, dont seront bientôt l'objet les ouvriers, si cette loi était votée, feront bien vite réclamer à grands cris le rétablissement de l'ancien état de choses qui leur permettait au moins de conserver chez eux des meubles ou objets qu'ils auront mis souvent des années à amasser!

nir le recouvrement d'une somme infime, à supporter lui-même les frais énormes que comporte l'application des articles 557 et suivants du Code de procédure civile. Le maintien de cette loi notoirement impopulaire, a-t-il ajouté, semble n'être plus réclamé que par les huissiers qui y trouvent de nombreuses occasions d'exercer leur ministère (1).

Le juge de paix du 1er arrondissement de Lille, après avoir constaté que les saisies-arrêts sur les salaires profitent presque exclusivement à des maisons de crédit spécialement organisées à cet effet et qui exploitent leur clientèle en lui vendant à tempérament des marchandises médiocres à des prix majorés, notamment des articles d'ameublement ou de toilette, conclut : « En résumé, la saisie-arrêt des salaires, telle qu'elle est pratiquée, grève lourdement le budget de l'ouvrier, sans lui assurer plus de crédit auprès de ses fournisseurs de première nécessité, et l'insaisissabilité du salaire, si elle était édictée, ne pourrait être préjudiciable le plus souvent qu'à des créanciers peu intéressants. »

Le juge de paix du 4e canton de Lyon (Croix-Rousse) déclare que la loi du 12 janvier 1895 a été bien plus avantageuse pour les créanciers que pour les petits débiteurs : « Autrefois les créanciers ne poursuivaient que pour des sommes relativement importantes; aujourd'hui ils font pratiquer des saisies-arrêts pour des sommes très souvent inférieures à 10 francs; or, les frais nécessités par cette nouvelle procédure s'élevant encore en moyenne à 28 fr. 80, il en résulte que la dette de l'ouvrier saisi se trouve doublée et quelquefois triplée, alors que sous l'empire de l'ancienne procédure, cet ouvrier demeurait d'ordinaire à l'abri de toute poursuite. »

Le juge de paix du canton sud-ouest de Saint-Etienne (Loire), a dit dans son rapport : « Pour l'utilité des saisies-arrêts, on peut dire que, jusqu'à un certain point, elles peuvent procurer du crédit à l'ouvrier, quoique cette

Nous pensons avoir démontré que la saisie-arrêt, loin de grever lourdement le budget de l'ouvrier, lui assure au contraire une stabilité certaine en ce sens qu'il est sûr de n'avoir à en sacrifier que le dixième, alors que tout ce qu'il pourrait posséder serait à la merci de ses créanciers le jour où son salaire deviendrait insaisissable.

---

(1) Les juges de paix des cantons de Roubaix, est et ouest, considèrent au contraire la saisie-arrêt comme plus utile que dangereuse.

Id. juges de paix de Tourcoing qui proposent toutefois de limiter à 40 francs le maximum de la créance en vertu de laquelle la saisie-arrêt pourrait être effectuée.

considération ne doive pas être d'un grand poids dans le crédit que lui font les fournisseurs. Il est évident que si ces derniers pensaient être obligés d'avoir recours à la saisie-arrêt pour se faire payer de leurs avances, ils préféreraient généralement ne pas faire de crédit. »

Le juge de paix de Roanne (Loire) fournit les éléments statistiques suivants pour son seul canton pendant l'année 1903 :

300 saisies-arrêts en vertu de titres visés par le greffier;

700 avertissements pour des créances sans titres;

250 saisies-arrêts par ordonnances du juge.

« Malheureusement, ajoute-t-il, un trop grand nombre de patrons la refusent et ainsi les ouvriers sont exposés à la répétition des frais et souvent à perdre leur travail. »

Ainsi les juges de paix, dans leur ensemble, confirment les dépositions et les plaintes des associations patronales et ouvrières : abus du crédit, essor des maisons de vente à tempérament, exode ou renvoi de l'ouvrier, frais frustratoires, tels sont les effets les plus caractéristiques des facilités nouvelles données par la loi de 1895 pour assurer la saisissabilité partielle du salaire.

II.

La Réforme à faire

Une réforme s'impose donc qui ne doit pas être seulement une réforme de procédure. C'est la question même de l'insaisissabilité totale qu'il est nécessaire, à notre avis, de soumettre à nouveau aux délibérations du Parlement.

On a donné contre l'insaisissabilité des salaires deux arguments : « Ce serait, a dit M. Rose, dans son intéressant rapport du 21 mars 1898, porter atteinte à la dignité de l'ouvrier, à sa liberté, et aussi à son crédit. »

Le premier de ces arguments, s'il était retenu, nous conduirait logiquement à déclarer saisissable la totalité du salaire; on ne voit pas, en effet, comment rendre insaisissables neuf dixièmes du salaire serait conforme à la

La Réforme à faire

Nous croyons avoir démontré par ce qui précède, que la loi qui rendrait ses salaires insaisissables serait plutôt nuisible à l'ouvrier que profitable. Les états étrangers qui ont adopté ce système n'ont pas privé l'ouvrier de crédit parce qu'ils ont dans leurs législations conservé des armes contre la mauvaise foi des débiteurs, soit par la reprise des objets impayés, soit par une procédure peu coûteuse.

Ce serait en effet, comme le dit M. Rose dans son rapport du 21 mars 1898, porter atteinte à la dignité de l'ouvrier, à sa liberté, et aussi à son crédit!

L'argument qui consiste à dire qu'il serait

dignité de l'ouvrier, alors que l'insaisissabilité de dix dixièmes y porterait atteinte! Au surplus, toutes les fois qu'une mesure de protection légale des travailleurs est sollicitée, nous retrouvons la même objection : limitation des heures de travail, repos hebdomadaire, tout ce qui protège la faiblesse de l'ouvrier ou réfrène l'anarchie économique devient, aux yeux de certains économistes, attentatoire à la dignité de l'ouvrier et à sa liberté!

Quant à l'atteinte au crédit, il faut distinguer : il est bien certain qu'avec l'insaisissabilité les ventes à tempérament échelonnées sur de longues périodes ne seront plus possibles dans les conditions où elles se font actuellement. Nous ne devons pas le regretter à raison des abus considérables auxquels elles ont donné lieu.

Mais par contre, à notre avis, le crédit de l'ouvrier chez le fournisseur de denrées alimentaires ne sera pas atteint; ce crédit, en effet, tel qu'il existe actuellement, ne dépend pas de la saisissabilité d'un dixième du salaire : quel commerçant consentirait à fournir à crédit s'il supposait, au moment de la fourniture, qu'il serait obligé de recourir aux formalités longues, onéreuses et incertaines de la saisie-arrêt pour se faire payer?

Au demeurant, si la saisissabilité des salaires devait avoir pour effet de multiplier les achats et les ventes au comptant, qui donc pourrait s'en plaindre? Ce ne serait pas le commerçant, mis ainsi à l'abri des risques d'insolvabilité de ses clients et appelé à bénéficier de l'augmentation de son fonds de roulement. Ce serait moins encore l'ouvrier, qui garderait constamment le libre choix de ses fournisseurs et bénéficierait de la diminution fatale du prix de fournitures qui ne seraient plus grevées de la majoration imposée aux commerçants par les mauvais payeurs.

Si un grand nombre de défenseurs de la saisissabilité reconnaissent qu'en effet, en temps normal, l'insaisissabilité peut produire des effets utiles aux ouvriers sans porter atteinte à leur crédit, ils se retranchent toutefois derrière les situations exceptionnelles telles qu'une grève ou un chômage prolongé. Qui alors, disent-ils, fera encore crédit?

logique, si la dignité de l'ouvrier était en cause, de déclarer son salaire entier saisissable n'est pas juste, car s'il est du devoir du législateur de protéger les ouvriers, cette protection doit s'arrêter au moment où elle est une gêne pour celui qui en est l'objet, et déclarer que l'ouvrier ou le petit employé n'auront plus besoin de payer leurs dettes, c'est faire d'eux des interdits.

Il y a à ce sujet contradiction flagrante dans plusieurs parties de l'exposé des motifs :

Page 10 (D'après un Juge de Paix) : « Pour l'utilité des saisies-arrêts, on peut dire que, jusqu'à un certain point, elles peuvent procurer du crédit à l'ouvrier.

Page 11... Mais par contre, le crédit de l'ouvrier chez le fournisseur de denrées alimentaires, ne sera pas atteint, ce crédit, en effet, tel qu'il existe actuellement ne dépend pas de la saisissabilité du 10e du salaire... (Voici une affirmation au moins osée!!).

Page 12. Il nous paraît inadmissible que celui qui, par sa faute ou par son dol, a causé à autrui un dommage puisse se soustraire aux réparations civiles qu'il a encourues! dit l'honorable auteur du projet.

Il est donc clair pour l'auteur du projet lui-même que la suppression de la saisie-arrêt équivaut à l'immunité absolue des intéressés s'ils ne veulent pas payer leurs dettes. Est-ce bien moral?

La saisie-arrêt est d'ailleurs, peu pratiquée dans nos maisons, elle est simplement la garantie — et la seule — sur laquelle elles peuvent s'appuyer pour accorder à leurs clients le crédit qui leur est indispensable.

Comme le disait l'honorable M. Basly, il y a bien peu d'ouvriers ou d'employés qui, au moment de se marier ont de quoi payer les quelques meubles indispensables qui leur éviteront la promiscuité de l'hôtel.

Voulez-vous les mettre dans l'impossibilité

Il n'apparaît pas que, dans les pays comme l'Angleterre et l'Allemagne, où l'insaisissabilité du salaire est totale, le crédit de l'ouvrier ait été atteint plus qu'ailleurs pendant les grèves. Cette expérience déjà longue est une réfutation péremptoire de cet argument.

Toutes ces considérations nous amèneraient donc logiquement à conclure à l'insaisissabilité absolue si nous ne nous trouvions en présence du vote si caractéristique émis à ce sujet par le Sénat en 1902 : 196 voix contre l'insaisissabilité totale et 61 seulement pour. Nous avons donc recherché un système transactionnel qui, édictant le principe de l'insaisissabilité des salaires et petits traitements y apporterait cependant les exceptions de nature à calmer les craintes de ceux qui redoutent que la suppression de la saisie-arrêt entraîne la suppression de tout crédit alimentaire dans les périodes de crise que traverse la classe ouvrière.

C'est à ce titre que nous admettrons dans notre proposition le maintien de la saisissabilité du dixième pour le payement des dettes de fourniture *d'aliments de première nécessité*.

Mais qui déterminera, dira-t-on, les « aliments de première nécessité »? La réponse est simple : ce sera le juge de paix appelé à statuer sur la validité.

Par le mot « aliment », nous excluons de la saisie toutes les fournitures de meubles, d'objets de toilette, de toiles, qui ont donné lieu aux abus de crédit que nous avons signalés; par les termes de « première nécessité » nous entendons essentiellement le pain. Mais, suivant les régions et les mœurs locales, le juge de paix pourra y joindre, dans la mesure où il le jugera utile et juste, les fournitures de boucherie, d'épicerie, etc.

Nous ne croyons pas devoir ajouter à cette première exception au principe que nous posons une seconde concernant le payement des loyers. Les propriétaires d'immeubles, en effet, bénéficient déjà d'un privilège spécial sur les meubles garnissant les lieux loués qui leur constituent une garantie suffisante.

La seconde exception que nous croyons devoir apporter au principe de l'insaisissabilité concerne le payement des dettes contractées en suite d'un délit ou d'un quasi-délit. Il nous

absolue de se les procurer? Ah! Messieurs, ne nous opposez pas la cession, car, que vous le veuilliez ou non, avec la procédure que vous instaurez elle est aussi bien supprimée que la saisie-arrêt!

Mettez-vous par la pensée à la place de l'ouvrier qui vient de traiter une affaire et auquel vous voulez qu'on demande de venir la terminer devant le greffier! Ne vous semble-t-il pas, Messieurs, qu'il y a là une atteinte des plus directes à la liberté du commerce et de plus l'obligation de dévoiler un secret professionnel des plus respectables? Souvent l'ouvrier ou l'employé aimeront mieux rester à l'hôtel que d'être obligés d'aller devant le greffier, comme s'ils étaient des enfants inconscients de leurs actes! Et la distance? Dans les grandes villes le greffe peut se trouver à proximité, en sera-t-il toujours de même dans les campagnes? Et pourquoi obligerez-vous le commerçant et son client à quitter leurs occupations pour se transporter au chef-lieu? N'y a-t-il pas là une tyrannie inuitle et incompatible avec les règles les plus élémentaires de la liberté?

Nous ne pouvons pas croire que vous conserverez à l'ouvrier ou à l'employé ce débris de responsabilité légale en l'entourant d'une procédure qui lui en rend l'usage impraticable. Si par impossible vous persistiez à rendre son salaire insaisissable il faudra que l'ouvrier puisse disposer du 10ᵉ que vous lui permettrez de céder pour l'achat des objets qui lui sont indispensables et sans aucune restriction!

Il faut effacer du fronton de nos monuments, le mot Egalité si nos législateurs décrètent qu'une catégorie de citoyens ne sera plus obligée de payer tel ou tel article, mais devra payer tel autre. Il ne peut y avoir dans un texte « les articles alimentaires ou les effets de première nécessité », mais toutes les marchandises achetées en pleine connaissance de cause et que tout citoyen honnête doit payer et paraît inadmissible que celui qui, par sa faute ou par son dol, a causé à autrui un dommage, puisse se soustraire aux **réparations civiles** qu'il a encourues. Mais, pour éviter que, sous le couvert de **réparations de ce genre**, une collusion formée entre commerçant et ouvrier rende vaines les mesures de protection de salaire que nous proposons, nous exigeons que ces réparations civiles résultent d'un jugement passé en force de chose jugée.

Une dernière objection a été présentée quelquefois contre l'insaisissabilité totale. On s'est demandé si elle ne priverait pas du crédit nécessaire le jeune ménage ouvrier qui vient de se fonder et qui, ne disposant d'aucune avance, ne peut payer comptant les objets mobiliers nécessaires à son installation.

La réponse est dans l'article 2 de la loi du 12 janvier 1895 auquel nous ne touchons pas et qui autorise la cession des salaires à concurrence d'un dixième.

Nous avons cru devoir maintenir aussi l'article 3 de la loi de 1895 qui déclare que les cessions et les saisies faites pour le payement des dettes alimentaires, prévues par les articles 203, 205, 206, 207, 214 et 349 du Code civil, ne sont pas soumises aux restrictions qui précèdent.

Il y a en effet des obligations naturelles auxquelles la loi écrite ne doit pas fournir les moyens de se soustraire, telles sont, au premier chef, les pensions alimentaires dues aux ascendants, aux enfants et au conjoint.

Si notre proposition est votée, l'état de la législation serait le suivant :

Les salaires des ouvriers et gens de service, quel qu'en soit le montant, les traitements des fonctionnaires et appointements des employés jusqu'à 2.000 francs, seraient insaisissables en principe. Ils pourraient être saisis à concurrence d'un dixième : 1° pour fournitures des aliments de première nécessité; 2° pour l'acquit des condamnations résultant d'un fait dommageable délictuel ou quasi-délictuel. Ils continueraient à être saisissables dans la limite arbitrée par le juge pour le payement des pensions alimentaires.

Ils continueraient à être cessibles pour dixième.

si la Chambre était saisie d'un tel projet de loi, il n'est pas possible d'admettre un seul instant qu'il se trouverait une majorité pour soutenir une pareille thèse!

Dans notre siècle de progrès, de justice et d'émancipation sociale, la suppression de cette loi équivaudra à la mise en tutelle de l'ouvrier, il ne lui sera plus permis d'emprunter sur son courage, son honnêteté , son désir de bien faire. La vie actuelle n'est pas comparable à celle d'il y a 30 ans et les besoins de bien-être s'augmentent au fur et à mesure des difficultés de l'existence.

Outre ces considérations, nous avons la certitude que cette mesure aurait pour conséquence une crise commerciale dont le pays se ressentirait, ce n'est pas impunément qu'on supprime d'un trait de plume plusieurs centaines de millions de transactions qui font vivre un personnel innombrable.

Telles sont, messieurs, les mesures très modérées de protection des salaires et petits traitements que nous vous proposons à titre transactionnel et dans l'espoir d'aboutir à un accord définitif avec le Sénat. Elles ne visent que le principe même de la loi de 1895. Nous n'avons pas cru devoir aborder la question de procédure, la Chambre étant actuellement saisie sur ce point d'un projet spécial de réforme qui lui a été renvoyé par l'autre Assemblée.

Mais notre proposition pourrait avec avantage s'adapter à ce projet, dont elle formerait l'article premier. Son auteur le désire; il serait heureux que son projet fournisse au Parlement le moyen de conciliation vainement cherché depuis dix ans entre les partisans de l'insaisissabilité totale et ceux de ses collègues qui désirent s'en tenir à une simple revision de la procédure de saisie-arrêt.

PROPOSITION DE LOI

Article unique

L'article premier de la loi du 12 janvier 1895, relative à la saisie-arrêt sur les salaires et petits traitements des ouvriers ou employés, est modifié ainsi qu'il suit :

« Les salaires des ouvriers et gens de service, quel qu'en soit le montant, les appointements des employés et commis et les traitements des fonctionnaires, lorsqu'ils ne dépassent pas 2.000 francs par an, sont insaisissables.

« Toutefois, ils pourront être saisis à concurrence d'un dixième : 1° pour le payement des dettes résultant de fournitures d'aliments de première nécessité; 2° pour assurer l'exécution des jugements passés en force de chose jugée portant condamnation à des réparations civiles en suite de délits ou de quasi-délits. »

Nous vous demandons respectueusement de soutenir devant la Chambre, la loi votée par le Sénat en 1906, laquelle en supprimant les abus donnera satisfaction à la classe ouvrière en sauvegardant les intérêts d'une catégorie de citoyens des plus dévoués à la République!

Imp. Baudu, 69, faub. St-Martin